LA

MAISON DE BÉTHANIE

OU

L'ŒUVRE DES RÉHABILITÉES

———— ◄►◄ ————

LETTRE ET SERMON DE CHARITÉ

DE

S. G. MGR FULBERT PETIT

ARCHEVÊQUE DE BESANÇON

BESANÇON

IMPRIMERIE DE PAUL JACQUIN

—

1902

Mgr Fulbert Petit, à cette époque évêque du Puy, ayant reçu communication de la « Vie du P. Lataste, » écrivit en 1892 la lettre suivante à la Rév. Mère Henri-Dominique, fondatrice et Prieure générale de la « Maison de Béthanie. »

LETTRE DE MGR L'ÉVÊQUE DU PUY

A LA

FONDATRICE ET PRIEURE GÉNÉRALE DE LA MAISON DE BÉTHANIE

———•✦•———

Le Puy, le 17 avril 1892.

Madame la Supérieure,

Vous avez bien voulu m'adresser la vie du R. P. Lataste, fondateur de l' « Œuvre des Réhabilitées, » et je regrette vivement les nombreux obstacles qui m'ont empêché de vous en remercier plus tôt.

J'ai parcouru ces pages avec avidité. Cependant, malgré l'intérêt du récit et le mérite de l'auteur, c'est moins encore la vie écrite, que l'âme du fondateur lui-même et l'héroïque rêve de sa charité qui ont provoqué mon admiration.

J'avais ouï parler de la Maison de Béthanie, mais vaguement, et je n'en avais pas une exacte connaissance. Toutefois une profonde sympathie s'était éveillée en moi pour cette œuvre dès l'énoncé du but poursuivi.

En outre, le nom du P. Lataste me rappelait de pieux et chers souvenirs en faisant revivre l'image du pays natal et des maîtres les plus aimés de mon enfance devenus, plus tard, les amis et les initiateurs de mon Sacerdoce. Le jeune Lataste, en effet, fit une partie de ses études à l'Institution de Pons et y fut l'élève puis l'intime ami de M. l'abbé A. Rain-

guet, supérieur du Petit Séminaire de Montlieu et vicaire-
général du diocèse de La Rochelle : un prêtre éminent,
l'un des plus distingués de la première moitié de ce
siècle et qui fut l'admirateur et le confident de votre fondateur.

Enfin l'une des premières collaboratrices du R. P. Lataste,
m'était connue par suite de circonstances inutiles à rappeler. Tout disposait donc mon esprit à lire, avec un intérêt
plus vif et plus intime, l'ouvrage de M. l'abbé Mercier.

Mais ce que j'éprouve, après cette lecture, n'est plus le
résultat seulement de la lecture elle-même. Le sentiment
vient de plus loin et de plus haut. Le contact avec une âme
d'apôtre et l'analyse de sa création étudiée de plus près dans
les fragments de son Mémoire sur « les Réhabilitées » ont
renouvelé en moi l'enthousiasme sacré que j'éprouvai jadis,
la première fois que je lus le récit divin qui raconte la scène
de Jésus chez Simon et les pages immortelles consacrées
par Bossuet et Lacordaire à la gloire de Marie-Magdeleine.

La conception du P. Lataste est vraiment *originale* : elle
a jailli de la pure sève de l'Évangile. Aucun homme, avant
lui, n'avait tenté de reproduire, sur ce point et à ce degré,
le Divin Sauveur.

Notre siècle si fécond en surprises réunit les contradic-
tions les plus inattendues. La pensée de la *réhabilitation*
de la femme lui est venue et lui a souri. Mais en quels sens
opposés elle a été entrevue !

Des flatteurs intéressés de ses instincts, pour avilir sa
dignité et asservir sa faiblesse, ont prétendu offrir à la
femme la réhabilitation de l'esprit dans l'indépendance, et
celle de la chair dans la libre volupté. Au lieu de relever
celles qui étaient tombées, c'était le moyen de faire déchoir
celles qui ont gardé le respect d'elles-mêmes et d'établir
ainsi, avec le désordre moral et social, l'égalité dans l'avi-
lissement commun.

A l'opposé de ce système corrupteur, le R. P. Lataste, puisant ses inspirations dans le cœur de Jésus-Christ, a cherché le secret de la réhabilitation de l'honneur, dans la restitution de la grâce : la réhabilitation de la vie humaine dans une infusion plus puissante de la vie divine par les impulsions supérieures d'une charité qui ne s'incline que pour purifier tout ce qu'elle atteint !

On a dit, avant moi, que l'idée du R. P. Lataste était audacieuse. Elle a, en effet, toutes les audaces d'une espérance divine et d'un amour vraiment fraternel.

Voilà des femmes dont l'enfance a été abandonnée. Un rayon du ciel n'a pas lui sur leur berceau ; leurs premières années n'ont pas été formées par la tendresse d'une mère chrétienne dans le sanctuaire d'un foyer respecté. La conscience n'a pas été développée dans la crainte de Dieu, dans l'amour de la vertu et du devoir. Leur jeunesse deviendra presque infailliblement coupable. L'inexpérience, la légèreté et les mauvais instincts de leur nature d'une part ; d'autre part, les promesses, les pièges, les mensonges de la séduction et les menaces de la misère les conduiront au vice par des pentes successives quelquefois insensibles et inaperçues. Le crime suit le vice. La condamnation frappe le crime ; et la société repousse de son sein les malheureuses qui, en tombant, ont franchi la limite que le code fixe à nos mœurs.

Maintenant les voici. Elles ont subi leur peine, accepté leur pénitence, retrouvé dans le malheur la lumière de la conscience et compris le devoir. Elles ont conquis le pardon de Dieu dans le repentir et les larmes. A leur tour, elles ont pardonné à ceux qui les ont avilies et n'ont plus d'amertume contre une société qui a été, pour elles, d'une sévérité nécessaire sans doute, mais inévitablement empreinte d'une inflexibilité plus rigoureuse peut-être que prévoyante. Elles ont horreur du mal et aspirent à la vertu. Faut-il les traiter

comme si elles étaient des misérables encore? Quand Dieu a trouvé bon d'être miséricordieux, est-il juste que l'homme se montre inexorable?....

Et cependant, dans cette société qui n'est point exempte de souillures... ou même dans leur famille, qui n'est point à l'abri de tout reproche, quel accueil trouveront ces condamnées?...

« Je sais, dit le P. Lataste, je sais une plaie saignante de
« la société; et celle-là nulle main pour la panser, nul cœur
« pour lui verser un baume efficace. Tous les ans les
« portes de nos grandes prisons s'ouvrent pour livrer pas-
« sage à de pauvres créatures au front humilié et flétri.
« Ces femmes, elles ont failli autrefois; la justice les a
« frappées d'un arrêt mérité, mais ramenées au devoir par
« la souffrance et l'expiation, la justice ne les a pas rele-
« vées comme elles le méritaient. Elles ont souffert dix
« ans, vingt ans peut-être; elles ont rudement expié leur
« faute, et pourtant, au sortir des cachots, elles ne rappor-
« tent dans le commerce des hommes qu'un nom à jamais
« déshonoré! »

Voilà le mal, il provoque la pitié.

Pour le guérir, « donnez-moi, ajoutait le saint religieux,
« donnez-moi quelques femmes de la suite de Jésus-Christ,
« des femmes dont le nom soit demeuré sans tache et le
« cœur sans souillure; des femmes qui, mues par le géné-
« reux dessein de marcher sur les traces du Maître, ne
« dédaignent pas de s'abaisser, comme Lui, vers de pauvres
« dégradées, pour leur tendre la main et les réconforter;
« plus encore, qui les attirant et les élevant peu à peu
« consentent à partager pleinement avec elles l'auréole de
« la pureté; acceptant, en retour, quelque part de leur
« déshonneur, s'il en reste encore à leur front. Qu'on me
« donne de ces femmes, et le rêve se réalise, et Jésus a
« des continuateurs dans la réhabilitation des âmes dé-

« clues; et la « Maison de Béthanie » a commencé (1). »

Quels souvenirs émouvants fait revivre dans le cœur chrétien le nom si délicatement choisi que le Fondateur donne à son Œuvre : Maison de Béthanie !.... »

A Béthanie, au temps du Sauveur, vivaient deux sœurs célèbres : l'une était Marthe, d'une vertu inattaquable, que l'Eglise honore au nombre des Vierges; l'autre, une pécheresse publique, renommée par ses désordres, Magdeleine : les deux sœurs de Lazare. Jésus aimait venir se reposer à ce foyer. Entre ces deux femmes empressées à le servir et à l'écouter, établit-il une différence? L'Évangile le laisse entrevoir. Et en faveur de qui fut la préférence? Marthe s'en aperçut et s'en plaignit en vain : « — Marthe, Marthe, vous vous empressez; vous vous troublez de beaucoup de choses; une seule est nécessaire. Marie a choisi la meilleure part; elle ne lui sera pas enlevée (2). » — « Quelle était cette « meilleure part? Sinon qu'elle aimait davantage et que la « pécheresse avait devancé la vierge dans l'amour divin? « En vérité, quand il donne aux âmes, Jésus ne regarde « point ce qu'elles furent, mais ce qu'elles sont; ni si elles « ont failli, mais comment elles aiment! Pénitentes ou tou- « jours pures, il ne pèse les âmes qu'au poids de leur repen- « tir et de leur amour (3) ! »

Ce contraste et ce mystère se retrouvent une autre fois dans la vie du Rédempteur, à une heure plus solennelle et d'une façon peut-être plus frappante. Au pied de la Croix, sous le regard de Jésus mourant, pleurent ensemble : sa Mère Immaculée et le disciple vierge, à côté et aussi près Marie-Magdeleine la réhabilitée.

Chez Simon le Pharisien, pour verser sur les pieds et la chevelure du Maître un nard précieux dont le parfum exquis

---

(1) *Les Réhabilitées*, par le P. Lataste.
(2) *Luc.*, x, 41-42.
(3) *Les Réhabilitées*, par le P. Lataste.

embaume toute la maison, à la croix et au tombeau, tenant
embrassés les pieds de l'Homme-Dieu, dans les traditions de
l'art comme dans les pages de l'Evangile, c'est toujours
Marie-Magdeleine qu'on rencontre !.....

Et qu'on ne s'y méprenne pas : depuis le Christ s'abais-
sant vers la Samaritaine ou la femme adultère pour les
sauver, et vers Magdeleine pour la sanctifier, jusqu'à la
Sœur de Charité s'inclinant vers des misères sans nom pour
en écarter la souillure, ce sont toujours les âmes les plus
pures, pourvu qu'elles aient souffert, qui sont les plus aptes
à comprendre, à aimer, à relever les âmes tombées!

Le saint religieux dont nous rappelons la mémoire le
savait bien. En fondant son Œuvre sur les bases qu'il a
choisies, il a montré une grande intelligence de la nature
humaine autant que des préférences divines.

S'est-on demandé où est le point le plus délicat et le plus
résistant de cette Œuvre ardue entreprise par l'intrépide
Fils de saint Dominique? Est-ce de rendre aux âmes déchues
la pureté, la grâce et la vertu? Non; il ne s'agit plus d'une
réhabilitation *aux yeux de Dieu;* c'est accompli! Lui seul
peut l'opérer ; il le fait par son pardon et par sa grâce. Il
s'agit d'une réhabilitation plus difficile, de la réhabilitation
devant les hommes. Car, pour eux, est absolument vraie la
parole du poète :

> L'honneur est comme une île escarpée et sans bords,
> On n'y peut plus rentrer dès qu'on en est dehors.

Pour rendre cette réhabilitation plus efficace et plus sûre,
voici, sorti d'un cœur d'apôtre, le stratagème ingénieux, digne
de Celui qui, à son heure suprême, laissa tomber un regard
commun sur les deux Marie : l'Immaculée, modèle de l'amour
virginal, et la pécheresse, modèle de l'amour pénitent. C'est
la « Maison de Béthanie » qui en *perpétue le spectacle.*

La femme dont le nom est le synonyme de l'honneur tra-
ditionnel, la jeune fille sortie d'un foyer peut-être illustre

dont elle fut l'auréole, l'âme très pure que la passion n'effleura jamais et que la tentation même respecta, après s'être vouées à la sainteté s'inclineront vers la femme coupable et publiquement flétrie. Elles lui ouvriront leur maison, leur foyer, leurs bras et leur cœur !... La vierge fera vivre de sa vie la pécheresse; un jour, après des épreuves sagement calculées et des ascensions successives, l'innocente, disposant de la livrée qui lui est propre, revêtira la coupable de sa tunique sacrée; elle lui donnera une part de la couronne qui brille au front des épouses du Christ !... Et alors, *devant les hommes* comme *devant Dieu*, l'une et l'autre apparaîtront semblables, également honorées par l'Église... La réhabilitation sera vraiment complète, car le regard humain, en les contemplant ensemble, religieuses toutes les deux, ne saura vraiment plus choisir entre l'ancienne *criminelle* et la *sainte*. Qui est la réhabilitée ? Qui est la réhabilitante ? Où est l'innocente et où est la pardonnée ?....

C'est ici la Charité poussant l'œuvre de la transfiguration à son apogée ! C'est la communauté de vie élevée à un degré qu'aucune autre institution n'aura connu. Car le repentir prend sa part égale dans l'honneur de celle qui n'a jamais failli, au risque, pour celle-ci, d'en perdre quelque éclat.... Nul ne les distinguera jamais plus l'une de l'autre, sous leur vêtement uniforme et leur nom nouveau, avec l'égalité de leurs droits et de leur vertu. L'honneur des vierges en est-il amoindri et en reçoit-il une ombre ?.... Ou, plutôt, n'en est-il pas agrandi et n'en revêt-il pas une gloire plus touchante ?...

Je comprends et je bénis le R. P. Lataste. Je le comprends d'avoir conçu cette audacieuse pensée et cette ambition héroïque d'aller « jusqu'au bout », dans la voie de la « réhabilitation. » Je le bénis de n'avoir pas douté : ni du succès de l'Œuvre, ni de la possibilité d'en recruter, dans notre société affaissée, les instruments nécessaires ! Elles ne sont pas nombreuses peut-être, mais on les rencontre encore ces âmes fatiguées de tout ce qui est vulgaire, même dans le dévouement... et désireuses de franchir les limites communes pour atteindre les sommets qui paraissent inaccessibles à une timide sagesse.

D'ailleurs, comme le coup de verge du thaumaturge, au désert, faisait sourdre l'eau du rocher d'Horeb, les grandes pensées d'un saint, frappant certains cœurs ardents, en font jaillir des dévouements sublimes et inattendus Aussi le Père Lataste trouva les âmes dont il avait besoin, Dieu les lui conduisit après les avoir choisies.

L'Œuvre de Béthanie fut fondée. Elle vit ; elle s'est développée, elle prospère. Outre votre maison de BÉTHANIE à *Montferrand*, dans le diocèse de Besançon, plus largement organisée et qui renferme l'Administration centrale et le Noviciat général de la Congrégation, vous avez fondé des Maisons nouvelles qui prennent chaque jour plus d'importance : l'une à VIRY-CHATILLON (diocèse de Versailles), l'autre à la SAINTE-BAUME (diocèse de Fréjus), et la troisième à FONTENAILLES (diocèse du Mans) (1).

Vous savez, vous, Madame la Supérieure, comment cette Œuvre a grandi..., par quelle succession d'heures d'angoisses et d'inexprimables joies elle est arrivée à la sainte popularité dont vous avez la consolation de jouir. Et vous savez aussi quelle moisson de sainteté elle a fait germer et mûrir !

Le P. Lataste disait parlant de sa fondation :

« Ce n'est encore qu'un petit grain de sénevé, mais il grandira si Dieu le bénit. Il deviendra un grand arbre à l'ombre duquel les oiseaux du Ciel viendront se reposer. La grâce de Dieu ira toucher d'autres âmes que j'ignore, qui sont encore dispersées dans le siècle, mais qu'il a préparées à cette grande mission. Car il en est, je le sais ; je

(1) Depuis cette époque une nouvelle fondation a été faite en Belgique, à Sart-Risbart (Brabant), dans le diocèse de Malines.

l'ai vu ! il en est dont les yeux sont pleins de larmes, parce
que les jours du monde sont obscurcis de ténèbres, et que
les flots de la divine lumière semblent ne plus venir jusqu'à
lui. Elles cherchent autour d'elles et ne trouvent d'aucun
côté l'idéal de leurs aspirations.... La maison de Béthanie
sera l'issue par laquelle, sortant des entraves du siècle, elles
entreront dans la lumière tant désirée de Jésus leur Sauveur,
dans la voie royale et divine du sacrifice et de l'amour. Il
est dur, sans doute, il est douloureux, pour notre nature
superbe, de tendre une main fraternelle au déshonneur
vivant; mais le Christ l'a bien fait !.. . Elles ne craindront
point de descendre avec Lui, jusqu'au dernier échelon de la
société, vers celles que le monde méprise et rebute. Elles
trouveront là nos *parias*, assises solitaires et pleurant leur
honneur, et ne voulant pas être consolées, parce qu'il n'est
plus · et elles les consoleront cependant, leur donnant le
baiser de la paix, de la réconciliation, de l'oubli; le saint
baiser du Christ. »

Quel jour et quand verra-t-on ces choses? ajoutait l'Apôtre....

On les a vues, et le monde étonné les admire et les applaudit. Le saint fondateur n'est plus là pour se reposer à l'ombre
de l'arbre fécond planté par lui et dont les rameaux se sont
étendus au loin donnant, selon son désir, refuge aux oiseaux
du ciel pour chanter les hymnes de pénitence et d'amour qui
réjouissent les Anges. « Moissonneur fatigué, obligé de se
« reposer avant d'avoir complété sa gerbe, il est remonté
« dans le sein de Dieu, ne vous laissant pour consolation
« que sa tombe, tantôt couverte de neige, tantôt parée des
« fleurs que vos larmes y font germer. Mais les saints se
« survivent dans leurs œuvres. »

Puisse l'Œuvre du R. P. Lataste, qui est aussi la vôtre,
Madame la Supérieure, être de plus en plus connue! Il ne
lui faut que cela pour attirer à elle les vocations saintement

éprises de la beauté des âmes, et pour faire que là, où le mal a triomphé parce que l'amour a été vaincu, le mal soit détruit à son tour, parce que la charité triomphante l'aura chassé des cœurs réhabilités.

Veuillez agréer, Madame la Supérieure, l'hommage de mon plus religieux respect, avec ma bénédiction et mes vœux.

† FULBERT, *Évêque du Puy.*

Le dimanche 2 mars 1902, S. G. Mgr FULBERT PETIT, *archevêque de Besançon, a prononcé un sermon de charité dans l'église Saint-Joseph d'*ANVERS, *en faveur de la Maison de Béthanie établie à Sart-Risbart (Brabant).*

———

Les personnes charitables désireuses de venir en aide à l'Œuvre naissante sont priées d'adresser leurs offrandes à Mme la Prieure du Monastère de Béthanie, à Sart-Risbart, par Incourt (Brabant).

SERMON DE CHARITÉ

PRONONCÉ PAR

S. G. MGR FULBERT PETIT

ARCHEVÊQUE DE BESANÇON

DANS L'ÉGLISE DE SAINT-JOSEPH, A ANVERS (BELGIQUE)

Le dimanche 2 mars 1902

DISCOURS DE Mᴳᴿ FULBERT PETIT [1]

ARCHEVÊQUE DE BESANÇON

Ego libentissime impendam et superimpendar ipse pro animabus ves-
tris.
(*II. Cor.*, xii, 15.)

Très volontiers, je sacrifierai tout et je me sacrifierai moi-même pour
vos âmes.

Telles sont les paroles de saint Paul aux premiers chrétiens de Corinthe.

MES TRÈS CHERS FRÈRES,

C'est pour moi un honneur très apprécié et une consolation très douce que d'être appelé à prendre la parole
devant un auditoire d'élite, pour une noble cause, dans
cette grande et intelligente cité que l'histoire a pu, sans flat-
terie, appeler « l'*Athènes de l'art flamand.* »

Je suis un inconnu pour vous, et, quoique Pascal ait dit
que « *le moi est haïssable* », je me sens néanmoins obligé,
pour être correct, de me présenter à vous, moi-même. Car
s'il est vrai (et je dois constater que cela est exact), s'il est
vrai que l'accueil bienveillant pour l'étranger vous soit fa-
milier et facile, il est naturel cependant que vous vous
demandiez *pourquoi* et *comment* l'archevêque de Besançon,
placé aux extrêmes frontières de l'est de la France, vient,

[1] Sténographié par Mˡˡᵉ Eugénie Keñn, d'Anvers.

des rives lointaines du Doubs aux bords de l'Escaut, prendre la parole dans cette église.

Comment ? Je vais vous le dire :

A des sympathies très délicates et qui, dès la première heure, ont conquis tout mon cœur, je dois une hospitalité affectueuse et un appel amical auquel il était bien difficile de résister. A la bienveillance de Son Éminence Monseigneur le Cardinal-Archevêque de Malines, je dois l'autorisation encourageante qui m'imposait un devoir. Au vénéré et distingué pasteur de cette belle paroisse, je dois la liberté de vous recommander une œuvre qu'il couvre lui-même de sa protection éclairée. Et si, enfin, malgré tout cela, beaucoup parmi vous sont étonnés de me voir dans cette chaire, soyez assurés que nul, ici, n'en est plus surpris que moi-même.

Pourquoi je viens ? Ma conférence vous le dira. Mais pour donner sans retard une première satisfaction à votre légitime curiosité, et pour fixer votre esprit dès le début de ce discours, je dois ajouter que j'ai dessein de solliciter votre bienveillance et votre générosité en faveur d'une institution de charité absolument nouvelle dans l'Église catholique. Inconnue hier encore, elle possède maintenant quatre grands établissements en France, et une succursale, grâce à des bienfaiteurs coutumiers de libéralité, a été plus récemment fondée à Sart-Risbart, dans votre chrétienne Belgique. Je veux parler de la « Maison de Béthanie. »

Je sais, mes très chers frères, combien, chez vous catholiques belges, l'esprit est élevé, la foi vivante, ardente et virile la volonté ; combien votre cœur est ouvert et généreux. Je sais à quel point toutes les questions sociales et religieuses attirent et retiennent votre attention, provoquent ou excitent votre zèle. Façonnés aux promptes initiatives, esprits éminemment pratiques, vous ne restez point flottants et inactifs dans les théories bruyantes et vaines. Lorsque vous êtes convaincus, vous passez à l'action efficace.

Si donc je pouvais ce soir vous faire entrevoir ce qu'il y a de surnaturelle grandeur et d'émouvante beauté morale dans l'institut dont mon archidiocèse possède le berceau et dont un essaim est venu se reposer chez vous ; si je pouvais traduire et faire pénétrer dans vos âmes tout ce qu'il y a, dans la mienne, de paternel respect, de dévouement raisonné, d'admiration religieuse pour le rêve évangélique conçu par le Père Lataste en vue de la réhabilitation de la femme, le succès de l'œuvre de Béthanie serait désormais assuré parmi vous.

Puissent la protection de Marie-Magdeleine, patronne et inspiratrice de l'entreprise, l'intercession de la Vierge Marie Immaculée et la bénédiction de Dieu faire pénétrer dans vos esprits et dans vos cœurs la lumière qui éclaire et la grâce qui persuade, malgré les infirmités inévitables de ma parole.

Ma conférence n'aura pas d'autre objet que de répondre à ces deux questions :

I. Qu'est-ce que l'œuvre de la « Maison de Béthanie? »
II. Qu'est-ce que je viens solliciter pour elle?

I.

Lorsqu'il s'agit d'un homme, le nommer n'est rien. Si on veut le connaître, il faut, de toute nécessité, pénétrer dans son esprit et sentir battre son cœur.

Au contraire, pour faire connaître une chose, il devrait suffire de la nommer, parce que le nom, quand il est bien fait, définit, en résumé, ce qu'il exprime.

Lorsqu'on parle d'une œuvre qui, comme celle-ci, participe et de la *chose* et de la *personne*, pour la bien comprendre, il faut, tout à la fois, en savoir le nom et en pénétrer l'esprit.

Le nom tout seul, Mes Très Chers Frères, de la « MAISON DE BÉTHANIE » rappelle le Christ vivant, sa puissance qui donne la vie, sa bonté qui pardonne, son affection qui sanctifie. Ce nom redit, tout ensemble, son indulgence qui rassure et sa grandeur qui élève ; il rappelle en même temps et surtout son infinie miséricorde vis-à-vis de la pécheresse publique : il est donc, à lui seul, une révélation.

Toutefois, afin que vous connaissiez bien le mystère d'amour et de grâce que recouvre cette dénomination, il me semble que je dois vous dire la *nature*, l'*origine* et le *but* de l'œuvre qu'elle désigne.

Sa NATURE d'abord ; elle est tout entière et exclusivement *évangélique*.

La « Maison de Béthanie » constitue une association de femmes chrétiennes déterminées à pratiquer, dans la vie commune, les conseils de l'Évangile et, avant tout, la parfaite charité du Christ Jésus. A cet effet, elles se consacrent à recueillir la femme *menacée* ou *atteinte* dans son honneur, et particulièrement les « *libérées de justice* » qui, converties et ramenées à la vertu par le malheur et la souffrance, viennent se jeter entre les bras de Dieu pour réparer le passé et préparer leur éternel avenir.

Le poète avait dit :

> L'honneur est comme une île escarpée et sans bords....
> On n'y peut plus rentrer dès qu'on en est dehors !

Les religieuses de Béthanie ont la consolante prétention de réformer ce proverbe froid et dur presque autant que l'antique sentence du paganisme qui disait : Point de pitié, malheur aux vaincus ! *Væ victis! Non miseretur !* Ces âmes évangéliques veulent que, dans la mesure et la proportion des satisfactions nécessaires, une barrière que le monde prétend infranchissable tombe devant l'héroïsme de la vertu reconquise.

Donc, toutes les naufragées de la vie que le verdict irréparable de la société a frappées sans appel.... nos religieuses les reçoivent, les bras et le cœur ouverts, dans un but que je vous dirai tout à l'heure.

Vous le voyez tout de suite, Mes Très Chers Frères, il s'agit ici d'une entreprise absolument *surnaturelle*, qui jaillit de l'amour sans limites, des pardons sans réserve et des compatissances infinies que le cœur de Jésus-Christ a révélés au monde.

Afin d'en mieux comprendre la portée, écoutez un récit de Celui qui fut accusé par les pharisiens d'être l'ami des pécheurs

Un soir, après les miracles de Bethsaïde et du lac de Tibériade, le Sauveur, entouré de ses disciples, allait congédier la multitude qui l'avait suivi. Le soleil, incliné à l'horizon, ne dorait plus que les sommets des monts ; l'ombre grandissait dans la plaine et s'étendait sur les rives assombries du lac. Tout se taisait. A cette heure de recueillement et de silence, il semble que les âmes sont plus naturellement ouvertes à toutes les profondes et religieuses émotions.

Le peuple hésitait à se retirer et, du sein de la foule, un homme s'avança ; c'était un pharisien. Il posa au Christ cette question :

« Maître, quel est le plus grand précepte de la loi ? »

Le Sauveur lui répondit : « Voici le précepte fondamental : Vous aimerez votre Dieu de tout votre cœur et vous aimerez votre prochain comme vous-même ; ces deux préceptes n'en font qu'un. »

Le pharisien insista et dit :

« Mais, qui donc est mon prochain ? »

Le Sauveur Jésus, pénétrant dans cette conscience, regarda le docteur captieux qui manquait de droiture et, en même temps, cette foule silencieuse, avide d'entendre. Et il dit à tous cette parabole :

« Un homme descendait de Jérusalem à Jéricho. Il fut rencontré par des voleurs de grands chemins qui le dépouillèrent, le couvrirent de blessures et le laissèrent à demi mort sur le bord du chemin.

« Vint à passer un des chefs de la Synagogue qui, entendant les lamentations de la victime, rebroussa chemin, sous prétexte de ne pas se souiller en passant sur le théâtre du crime, en réalité, sans doute, afin de n'être point obligé de porter secours au malheureux.

« Un lévite passa ensuite. Il entendit les gémissements du moribond, s'approcha, le vit presque agonisant et, constatant qu'il s'agissait d'un étranger, froidement, il poursuivit son chemin sans rien faire. Enfin, un Samaritain, c'est à-dire un homme méprisé et détesté par les Juifs, vint après tous les autres. Il s'approcha du blessé, il s'inclina sur lui et, ému en le voyant couvert de plaies, il banda ses blessures, y versa le vin et l'huile pour adoucir la douleur et pour fortifier l'organisme. Puis il prit le blessé dans ses bras, il le plaça sur sa monture et la conduisant lui-même à la main, il vint déposer le patient dans une hôtellerie. Là, après avoir lui-même soigné le blessé, il le confia aux soins intelligents de l'hôte, promit de payer toute la dépense nécessaire et continua sa route et son labeur. »

Le Sauveur avait dit : la foule, ravie, écoutait cette parole tombée des lèvres d'un homme qui parlait comme n'avait parlé aucun homme ; et le Sauveur, dans ce silence, interrogea à son tour. Il dit au docteur de la loi :

« Eh bien ! qui donc vous paraît avoir été le prochain de ce malheureux blessé ? »

Le docteur, hésitant, troublé et un peu honteux, répondit néanmoins :

« Maître, il me semble que c'est le Samaritain. »

Et le Fils de Dieu, promenant son regard profond et calme, du pharisien confondu à la foule attendrie, disait au docteur : « Vous avez bien jugé ! » Et à tous : « Allez et faites de même. »

Or, Mes Très Chers Frères, depuis ce jour l'aspect du monde a été changé. Il y a eu une vraie nouveauté sur la terre. Cette parole a opéré des merveilles. Elle a donné une science inépuisable du dévouement à ceux qui ont compris qu'ils devaient marcher sur les traces de l'Homme-Dieu et qui, désormais, se sont voués à le suivre dans tous les sentiers.

Regardez ! Toutes les générations en passant ont, à leur tour, rencontré le blessé, le souffrant, le dépouillé de la route de Jéricho ; car la terre est restée *la vallée des larmes*. Mais régénérées par l'Évangile, les générations nouvelles ne passent plus, hypocrites et farouches, ou dédaigneuses et froides, comme l'âpre pharisien ou le lévite orgueilleux. Au contraire, à l'exemple du Samaritain compatissant, elles s'inclinent vers toute infirmité, et leur plus ardente sollicitude est de panser toutes les plaies et d'essuyer toutes les larmes.

Oui, Jésus-Christ a créé dans l'humanité cette succession inépuisée d'âmes pures et tendres qui veulent, à tout prix,

partager les sentiments et la destinée du divin Époux des
Vierges.... Depuis les saintes femmes qui ont essuyé pieuse-
sement la face meurtrie et souillée du Rédempteur bafoué,
jusqu'à la Dominicaine de Béthanie qui recueille aujour-
d'hui, sous son large manteau, la condamnée d'hier et en
fera demain *sa sœur*, ces généreuses n'ont jamais cessé de
se dévouer, d'aimer les délaissés et les dédaignés du
monde, même les âmes déchues.

Sans doute, l'Évangile n'a point obtenu que la vie humaine soit exempte de douleurs ; il n'a point fait qu'il n'y
ait pas de catastrophes en ce monde, ou qu'il n'y ait plus
de défaillances parmi les âmes baptisées ; mais il a fait ce
miracle : qu'il n'y a pas un seul mal inguérissable devant
Dieu ; et que, parmi les hommes, il n'y a pas une plaie qui
ne rencontre une main délicate pour y verser le baume
pénétrant d'une charité que rien ne déconcerte ni ne lasse.
Une légion d'âmes, passionnées de ce qui est surhumain,
ont accepté comme mot d'ordre et comme mission de panser et de guérir, s'il se peut, toutes les blessures de la vie !

Tel est, en effet, Mes Très Chers Frères, l'objet principal
que Notre-Seigneur assigne à la fraternité humaine, au dévouement, à la charité évangélique : la vie sous tous ses
aspects.

La vie est le grand bienfait et la fin suprême de l'homme.
C'est pour vivre que l'homme vient en ce monde. Ici-bas,
s'il s'efforce ou s'agite, c'est pour vivre. Qu'il manie le
hoyau ou la plume, qu'il ouvre le sillon ou creuse la
pensée, s'il travaille, c'est pour vivre ; s'il se repose, c'est
pour vivre ; s'il souffre, c'est pour vivre ; s'il veille ou s'il
dort, c'est pour vivre ; s'il lutte avec une suprême énergie,
c'est pour vivre ; s'il se dévoue, c'est pour vivre ; et s'il
meurt, c'est encore pour revivre. Et la souveraine récom-

pense, enfin, que Dieu promet à nos efforts couronnés dans l'avenir définitif, c'est là vie : la vie éternelle !

C'est là toute notre destinée : l'homme a soif de vivre. Il souffre, surtout de ce que sa vie est précaire, caduque, limitée. Il cherche, il attend, il réclame tout ce qu'il croit pouvoir, en lui, entretenir et accroître la vie. Et s'il n'est jamais apaisé, comme le dit, je crois, notre immortel Lacordaire, c'est parce que la vie lui échappe à mesure qu'il la produit. Il la boit dans une coupe profonde et avare qui n'en contient ou qui n'en verse qu'une goutte à la fois.

La charité ne prétend pas créer la vie. Elle sait bien que Dieu en est la source féconde. Mais procurer à qui ne l'a pas ou à qui le possède insuffisamment, l'aliment de la vie; améliorer, guérir, élever et agrandir la vie, tel est l'effort de la vraie charité.

Or qu'est-ce que vivre? Nous pouvons le dire. Assurément nous ne connaissons pas la vie en elle-même et dans son essence. Mais nous distinguons ses manifestations et nous pouvons préciser ses caractères.

Vivre, dit un grand docteur, c'est posséder en soi le principe de son mouvement. Le mouvement n'est pas la vie; mais il en est le signe et lui rend témoignage.

Vous passez à la campagne et vous heurtez du pied la pierre qui roule devant vous : voilà le mouvement. Est-ce la vie? Non, parce que la pierre ne possède pas en elle le principe de ce mouvement; c'est vous qui le lui avez imprimé.

Mais voici la plante qui, sur le bord du chemin, croît et grandit; elle a, en elle, le principe de son mouvement : c'est le germe d'où monte la sève puisée dans le sillon. La plante vit donc. C'est une vie élémentaire ; c'est à vrai dire une vie initiale, mais c'est déjà la vie.

Tout à coup, à côté de vous, l'animal bondit et jette un cri. Il voit, il écoute, il sent, il souffre. C'est la spontanéité ; il se meut et il s'anime. Il possède, en son être, le principe de son mouvement, c'est la vie à un degré plus élevé : c'est la vie animale.

L'homme apparaît à son tour ; il croît et grandit comme la plante. Il sent et se meut comme l'animal. Il a, en lui, le principe de son mouvement ; il vit. Mais, en même temps, il pense ; il est libre ; il se détermine ; c'est la vie à un degré supérieur. Au-dessus de la vie végétative et de la vie animale, c'est la vie intellectuelle et morale.

Ce n'est pas, cependant, le degré le plus élevé et le dernier sommet de la vie. Plus haut encore, il y a la vie divine. De même que, pour la vie intellectuelle, Dieu a mis dans l'enfant le germe de la raison, dont celui-ci n'use point à son berceau, mais qui se développe en lui par l'éducation et qui le gouvernera plus tard ; de même Dieu a déposé dans l'homme, devenu chrétien par le baptême, le germe d'une vie supérieure à toutes celles que je viens de vous énumérer : une vie *surnaturelle* qui est la vie même de Dieu et qui, après avoir surélevé la nature par la grâce, la couronnera d'une façon définitive par la gloire dans le ciel.

Voilà la superposition multiple et les progressions diverses de la vie. Mais n'est-ce pas là un rêve ? un mirage décevant et sans réalité objective ? L'homme peut-il vraiment avoir en lui ces diverses vies ? Oui, s'il peut posséder, en son être, des principes distincts qui produisent l'activité féconde dans ces différents ordres d'existence.

Ainsi, il croît : donc, il a la vie végétative ; il se meut : donc il a la vie animale ; il raisonne, il a une conscience, il peut vouloir : donc il a la vie intellectuelle et morale. En

outre, il est chrétien, enfant de l'Église, destiné, comme
fils adoptif de Dieu, à entrer dans son héritage, à connaître
son essence et à partager son bonheur. Il peut accomplir
des actes méritoires de l'éternelle vie et des gloires du ciel.
Car l'adoption de Dieu n'est point stérile ou inefficace
comme l'adoption humaine. En l'adoptant, Dieu opère dans
l'homme ce que l'adoption signifie ; et, par la grâce baptis-
male, il dépose, dans l'âme immortelle, les germes de la vie
divine qui confère un droit à l'héritage céleste.

Or, à tous les degrés, la vie peut être atteinte en nous.
Dans son corps, dans son intelligence, dans sa liberté, dans
sa dignité morale, dans son amour du bien, dans son innocence, dans sa vertu, et même dans la *grâce* que Dieu lui
a donnée, l'homme peut être blessé ; il peut languir et
mourir.

L'histoire raconte que dans une guerre célèbre l'empereur Valérien fut vaincu par le chef sauvage des Perses,
Sapor. Le roi barbare usa de la victoire comme savaient en
user les barbares. Il exigea que Valérien, attaché à son
char, courbât les épaules pour lui servir d'escabeau. On put
contempler ce honteux spectacle. On vit Sapor, le vain-
queur d'un jour, mettre le pied sur l'épaule de l'empereur romain, pour monter dans son char triomphal, afin que
tous fussent témoins de l'humiliation du vaincu.

Nous autres, qui avons été élevés par la grâce de
l'Évangile et par la civilisation chrétienne, nous faisons
volontiers une ovation aux glorieux vaincus. Mais nous
sommes blessés dans notre conception de l'honneur en face
d'une bassesse. Nous nous indignons à la vue d'une déchéance comme celle de Valérien. Nous nous demandons
pourquoi cet empereur romain n'est pas mort sur le champ
de bataille ; et s'il n'a pas su mourir, nous nous disons que

4*

du moins il n'aurait pas dû s'incliner dans cette ignominie.
Nous nous refusons à comprendre que, par une attitude
avilie, il consente à déshonorer avec lui la dignité de la
patrie et la majesté de Rome qui était alors la gloire du
monde.

Pire que cet abaissement est la déchéance que subit
l'âme chrétienne quand, vaincue par la passion, elle accepte
l'esclavage du péché et s'avilit sous le stigmate du vice.
Aussi, lorsque l'homme doué d'intelligence, de liberté,
d'une conscience qui peut, s'il le veut, lui permettre de résister à tout avec la grâce de Dieu, lorsqu'un homme se
passionne pour le mal, quand une pauvre créature se laisse
rouler dans la fange du ruisseau, nous sentons qu'il y a là
un désordre profond et que l'œuvre de Dieu est souillée.
Mais nous ne nous contentons pas d'éprouver l'indignation
farouche qui faisait dire aux vieux païens : « Malheur aux
vaincus! » Non, il y a en nous quelque chose de meilleur
qui procède du cœur de Jésus-Christ et qui nous amène à
nous incliner vers tout ce qui est tombé pour le relever, si
cela nous est possible.

Telle est la NATURE de la « Maison de Béthanie, » ouverte
pour la réhabilitation des « *libérées de justice.* »

Quelle fut son ORIGINE?

Quand Dieu veut accomplir une œuvre parmi les hommes,
il lui faut des instruments humains ; mais il les prépare à
sa façon, et de longue main, à la destinée qu'il leur réserve
et au but qu'il veut atteindre.

Méridional par sa naissance, le fondateur de Béthanie
avait la nature ardente et le cœur chaud des hommes dont
le berceau fut enveloppé des clairs rayons du soleil. Mais il
avait grandi sur les bords de la mer ; et il semble que son

âme avait emprunté à l'immensité de l'Océan la vaste étendue des grandes pensées et des sentiments élevés.

A ses débuts dans le monde, surnuméraire de l'une des grandes administrations françaises, Alcide Lataste avait rencontré, à un foyer chrétien, une jeune fille dont les qualités, les goûts et les sentiments délicats répondaient à l'idéal qu'il portait lui-même dans son cœur. Il en résulta, naturellement, d'abord une sympathie spontanée, une confiance réciproque, puis une commune affection qui prit son âme tout entière. Sa vie semblait fixée, son bonheur et son avenir étaient là. Mais que sont les projets des hommes et que faut-il pour les renverser? Dieu permit que la jeune fille fût saisie d'une maladie inexpliquée. Au bout de quelques jours, malgré les soins d'une famille consternée et les efforts de la science, comme une fleur fanée sur sa tige, la jeune vierge laissait la terre et remontait à Dieu.

L'âme de son fiancé fut brisée. Le monde lui parut vide. La caducité des choses et la vanité des affections les plus pures et les plus fortes désenchantèrent son cœur. Il resta d'abord troublé et incertain.

Une impulsion secrète l'amena dans la famille en deuil de sa fiancée. Il demeura huit jours sous ce toit hospitalier et cher, partageant ses journées entre la réflexion et la prière. Ces longues heures de recueillement, il les passa dans la virginale cellule de sa fiancée transformée en oratoire; et c'est là que Dieu lui fit entrevoir la vocation à laquelle son âme était appelée.

Alcide Lataste vint frapper à la porte du noviciat des Frères Prêcheurs, à Flavigny. On l'admit; et, dix ans plus tard, devenu le P. Marie-Jean-Joseph, il devait fonder l'*Œuvre des Réhabilitées*. Il fut amené à cette tentative par une succession de circonstances providentielles. Appelé à remplir son ministère dans les prisons centrales et, en particulier, dans celle de Cadillac, au diocèse de Bordeaux, le zélé religieux fut frappé des transformations que le malheur et la grâce avaient opérées dans les consciences. Ravi et consterné tout à la fois en présence de ces dramatiques luttes entre le bien et le mal, il était profondément ému de rencontrer parmi ces pauvres créatures, flétries aux yeux des hommes, des âmes dignes en réalité de tous les respects. Je ne veux pas dire qu'elles n'eussent point été coupables; elles avaient été légitimement condamnées. Mais parfois le vertige laisse peu d'empire à la volonté.... Et puis, est-ce que la publicité seule fait la gravité du crime?. ..

Quoi qu'il en soit, saisies par la souffrance, éprouvées par la douleur, éclairées par leur chute même et purifiées par leurs larmes, profondément touchées de la grâce, ces femmes étaient converties et revenues à Dieu. Il y avait dans plusieurs de ces âmes transfigurées des beautés qui provoquaient l'admiration du saint prêtre. Il rêva dès lors de fonder un Institut spécial qui aurait pour mission de recevoir à son foyer ces condamnées de la justice humaine, et là, par le travail, par la prière, par les effluves de l'amour et de la confiance, de reconstituer dans l'honneur toutes les *réhabilitées* au sens divin de ce mot.

Habitué aux secrètes contemplations de la vie intérieure, pendant ses colloques sacrés, sans doute des visions de l'Évangile durent, plus d'une fois, passer devant son esprit, captivant les yeux illuminés de son cœur, séduisant son âme enthousiaste. Il apercevait, dans la plaine d'Esdrelon, le Sauveur assis sur la margelle du puits de Jacob et conversant avec la femme coupable de Samarie, légère et frondeuse. Il voyait celle-ci tressaillir à ce mot : « Si vous connaissiez le don de Dieu ! » Émue d'abord, troublée en-

suite, changée enfin, elle laissait là son urne renversée
et vide, figure de l'inanité·de ce qui passe, et remontant
les pentes descendues, elle devenait, dans Samarie, le mis-
sionnaire de la miséricorde et de la divinité du Messie attendu !....

Une autre fois, sous son regard, s'ouvrait la maison opu-
lente de Simon, le pharisien correct et froid. Le Sauveur
était à table et vers lui s'inclinait, émue et tremblante, la
pécheresse de la cité. De ses larmes elle baignait les pieds
lassés de Jésus et les essuyait de ses cheveux flottants. Puis
le méditatif la revoyait portant dans un vase d'albâtre un
parfum exquis; elle répandait le parfum sur la tête de son
Rédempteur et brisait le vase précieux, symbole de son
cœur, afin qu'il ne servit plus à un usage profane ; et du
double vase : de l'albâtre fragile et du cœur purifié s'échap-
pait une suavité qui remplissait la maison tout entière. Et
la voix du Maître répétait mystérieusement : « Voyez-vous
cette femme? Il lui sera beaucoup pardonné parce qu'elle
a beaucoup aimé. » Et un écho répétait encore le mot touchant et doux de la voix divine à Béthanie : « Marthe,
Marthe, vous vous agitez beaucoup et vous vous troublez
vainement. Marie a choisi la meilleure part, elle ne lui sera
pas enlevée. »

Enfin, je l'imagine du moins, à mainte reprise, le regard
du pieux apôtre de la réhabilitation contempla le mysté-
rieux spectacle du Calvaire. Le drame divin s'achève. Jésus
va mourir pour la rédemption du monde. Au pied de sa
croix deux femmes sont debout, sur le même rang. Le
regard chargé d'angoisse et d'amour de Celui qui va mourir
tombe sur ces deux créatures, et va de l'une à l'autre sans
marquer de différence : c'est Marie l'Immaculée et Magdeleine la pécheresse convertie. O mystère impénétrable de

l'amour pénitent et des célestes pardons !.... N'était-ce pas là une leçon? et comment se fait-il qu'elle n'eût pas encore été comprise?....

Désormais, c'est fait.... Elle ne restera plus stérile.

Toutefois pour sa réalisation il fallait au fondateur un instrument propice, une âme qui sût comprendre la sienne.

Dans une brochure qui exposait avec une éloquence communicative tout son dessein, le P. Marie-Jean-Joseph avait tracé lui-même le portrait des coopératrices qu'il attendait pour agir :

« Donnez-moi, disait-il, quelques femmes de la suite de
« Jésus-Christ, des femmes dont le nom soit demeuré sans
« tache et le cœur sans souillure ; des femmes qui, mues
« par le généreux dessein de marcher sur les traces du
« Maître, ne dédaignent point de s'abaisser comme Lui,
« vers de pauvres dégradées, pour leur tendre la main et
« les réconforter ; plus encore, qui, les attirant et les élevant
« peu à peu, consentent à partager pleinement avec elles
« l'auréole de leur pureté, acceptant en retour quelque
« part de leur déshonneur, s'il en reste encore à leur front
« aux yeux de la société. Qu'on me donne de ces femmes
« et le rêve se réalise ; Jésus a des continuateurs dans la
« réhabilitation des âmes déchues ; et la *Maison de Béthanie*
« a commencé. »

Dieu préparait alors au P. Lataste, sans qu'il s'en doutât, la première de ces femmes entrevues dans la prière, celle qui devait être la « MÈRE » de toutes les autres. Et elle lui vint d'où il ne l'attendait pas.

Victorine-Anne Berthier avait cru, dès son bas âge, entendre l'invitation secrète de Jésus aux vierges : « Mon enfant, donne-moi ton cœur ! » Elle le Lui donna sans réserve.

Entrée fort jeune, comme novice, chez les religieuses de

la Présentation de Tours où elle avait fait naguère ses études, sœur Bernardine fut chargée de très bonne heure, à
cause de ses rares qualités, de la direction d'une maison
d'éducation, en Bourgogne, à Auxerre. Intelligence prompte
et sûre, esprit élevé, cœur chaud et délicat, la jeune religieuse eut vite conquis une grande autorité autour d'elle.

Un drame douloureux, qui émut la cité, mit en lumière
la générosité de la nouvelle directrice et fut, pour Dieu, une
occasion de préparer son cœur à sa définitive vocation.

Dans la ville d'Auxerre, à cette époque, séjournait une
troupe de bohémiens tenant un théâtre ambulant et donnant spectacle à la foule. Parmi ces artistes forains, une
toute jeune fille, presque une enfant, mais de taille élan-
cée, de physionomie impressionnante, attirait l'attention
par la beauté quelque peu sauvage et fière qui caractérise
souvent la race de Bohême.

Un jour, à quinze ans, elle eut la honte de comprendre
qu'elle était mère.... Dans sa stupeur, dans un accès d'indignation sauvage, ignorant beaucoup des choses de la vie,
emportée par la violence irréfléchie que provoquait en cette
nature encore indomptée la détresse de son honneur perdu,
elle ajouta le crime à la faute. Mise en état d'arrestation,
elle avoua tout sans subterfuge. En présence des faits, par
considération sans doute de son inexpérience, de sa fran-
chise et de ses regrets, le jury et le tribunal chargés de la
juger furent pris de pitié et usèrent d'indulgence. La
jeune coupable fut condamnée seulement à la détention et
autorisée à passer ses années de captivité dans une maison
de refuge, au chef-lieu du diocèse.

Pendant la durée de l'*instruction*, la religieuse de la Présentation dont je parlais tout à l'heure visita assidûment
la prisonnière et fut singulièrement étonnée de ce que,

dans cette conscience fruste, à côté de la chute, elle rencontra de grandeur.

La charité provoqua la gratitude.

Un lien de confiance et d'affection s'établit entre la religieuse et l'inculpée. Lorsque, après la condamnation, la jeune bohémienne fut enfermée au refuge de Sens, sœur Bernardine alla revoir sa protégée et fut, un jour, par autorisation de l'archevêque, introduite dans le refuge. Elle entra dans l'ouvroir où, au milieu de ses nombreuses compagnes, se trouvait l'ardente bohémienne. En apercevant la jeune religieuse qui lui avait témoigné une pitié respectueuse si pleine de cœur, l'enfant bondit avec un élan de joie, se jeta dans ses bras et la tint longuement embrassée. Les compagnes de la condamnée se scandalisèrent de cette familiarité, et la religieuse même qui présidait la salle de travail en fit la remarque à la jeune visiteuse. — Ses compagnes dénigrent volontiers votre protégée, lui dit-elle. — Elles la méprisent? — Peut-être. — Et pourquoi? — Leur prétention est celle-ci : « Nous, du moins, nous n'avons fait tort qu'à nous-mêmes ! » Et elles délaissent un peu la condamnée.

Quelque chose de délicat et de bon s'attendrit et s'indigna dans l'âme généreuse de sœur Bernardine. Des larmes gonflaient son cœur et ce cri spontané lui échappa :

« Eh bien ! si j'avais dix ans de plus (car je suis trop jeune), et si j'avais une fortune, je la consacrerais à établir une congrégation uniquement chargée de recueillir les condamnées de ce genre. Et je me consacrerais moi-même à les servir et à les sauver ! » C'était là, au fond d'un noble cœur, le germe duquel devait naître l' « *Œuvre des Réhabilitées.* » Car celle qui parlait ainsi était, dix ans plus tard, la mère Henri-Dominique, fondatrice de la « Maison de

Béthanie, » et, à l'heure actuelle encore Prieure générale de son Institut.

Voilà l'ORIGINE et la NATURE de l'œuvre.

J'ajoute que son BUT est, à la fois, très modeste et profondément audacieux. C'est assez dire qu'il est double.

Il s'agit d'abord de recevoir en des maisons de « *préservation* » les enfants ou adolescentes qui sont orphelines, ou exposées à rencontrer au foyer familial et au dehors des dangers, de mauvais exemples et de pernicieux conseils.

Vous vous êtes habitués à voir, et probablement d'un peu loin, l'existence active et monotone des travailleurs. Avez-vous suivi les péripéties et les drames qui la traversent parfois ?

Regardez ce foyer. Il a été prospère et joyeux ; il est devenu sombre et désert. Pourquoi? Voici ce qui s'est passé. Là, vivait naguère une famille laborieuse et honnête : un ouvrier robuste, une femme courageuse, deux enfants. L'aînée, une fillette intelligente, reçoit des leçons à un atelier de couture ou de modes. Le plus jeune, garçon de huit à neuf ans, va à l'école. L'ordre et la paix ont régné jusque-là. Ce n'est pas la richesse, mais ce n'est pas non plus la gêne. Tout à coup, le malheur frappe à la porte de ce foyer modeste. La maladie arrête la mère brusquement. La santé ne revient plus. La cessation de son travail et la disparition de son salaire ont amené le dénuement. La mort emporte la pauvre femme et laisse la chambre toute nue. L'homme se désole d'abord, se décourage ensuite, cède après aux mauvais conseils et aux entraînements de l'exemple. Le cabaret et la débauche achèvent de détruire ce qui restait debout dans cette conscience en ruine ; c'est fini! Et l'enfant ? La voilà presque une jeune fille. De sa mère et de son éducation première elle tient je ne sais quoi de délicat qui est presque de l'élégance naturelle. C'est un danger de plus. Que va-t-elle devenir? Ah! pour Dieu et par pitié, ouvrez-lui un asile qui achève de lui enseigner le travail honnête et la préserve du vice Vous la sauverez de la tentation et peut-être du déshonneur.

C'est l'œuvre de la « *Préservation.* »

On recueille les adolescentes, on les élève, on les instruit. Selon l'énergique et philosophique expression de notre belle langue française, on leur apprend à « *gagner leur vie,* » à s'assurer ainsi par leur travail personnel une existence honorable. On forme leur conscience afin de les préparer aux luttes de l'existence. C'est une première partie de l'œuvre « Béthanienne » : la plus facile, la moins originale aussi et la moins urgente, car d'autres l'ont entreprise également et la réalisent.

L'autre but est bien moins accessible et bien autrement audacieux. Il s'agit de recevoir dans un monastère, afin de les réhabiliter à leurs propres yeux et devant le monde, les « *libérées de justice* » : ces jeunes filles ou ces femmes condamnées par une sentence de la justice humaine pour crime ou pour délit, déshonorées aux yeux des hommes et qui, dans la solitude et l'âpre labeur des « *Maisons centrales,* » ont été ramenées à la vertu par la violence même de leur chute et par l'amertume de leurs regrets. Leur tendre la main dans l'émoi d'une humaine pitié ne suffit plus. Après les avoir sorties de l'abîme où elles sont tombées, la « Béthanienne » veut leur ouvrir ses bras et son cœur; son ambition sainte est de restaurer ces ruines.... Oui, des *ruines vivantes :* ruines de la grâce, ruines de l'honneur, ruines des espérances mondaines et des joies de la famille!

Avez-vous réfléchi au charme poignant des ruines?

Sur un sommet devant lequel s'ouvraient les plus ravissants aspects, la piété et la fortune avaient bâti un temple, ou un palais, ou une cité qu'entouraient les moissons, la verdure, les fleurs et les vergers ! Le voyageur vient un jour en visiter les splendeurs. Son regard attristé ne rencontre plus que l'abandon, le silence, le désordre, des décombres.... remparts démantelés, tours abattues, colonnes renversées, statues brisées, chefs-d'œuvre détruits !

Les ronces rampantes, les épines qui blessent, les lierres grimpants, envahissent tout, et dans les galeries désertes habitent les oiseaux de nuit aux cris sinistres.

Vous avez dû le remarquer, Mes Très Chers Frères, ces restes épars et encore grandioses de la nature et de l'art ont un attrait mélancolique pour les esprits élevés....

Plus tristes, assurément, mais aussi plus grandes, plus solennelles et plus dignes de religieuse sympathie sont les ruines morales de l'âme humaine !

En tout ordre, il y a des ruines illustres et des ruines obscures : des âmes dont la chute n'a aucun retentissement parce que leur vertu était médiocre et vulgaire; et d'autres qu'on est stupéfait et navré de voir un jour, tout d'un coup, rouler dans la fange, après les avoir entrevues sur les cimes et dans la lumière.

Il y a des ruines vénérables où l'on admire encore la magnificence primitive : Jérusalem, Palmyre, le Colisée; et des ruines qui ne rappellent rien du passé superbe : Babylone anéantie, Tyr devenue un rocher sur lequel les pêcheurs font sécher leurs filets; il y a des âmes qui, dans leurs déchéances, gardent ineffacées les traces de leur baptême et la mémoire de leur dignité chrétienne, et des âmes aviles où plus un vestige de grandeur n'est resté !

Il y a des ruines encore saintes devant lesquelles on est
tenté de s'agenouiller, et des ruines profanées et immondes
qui n'inspirent qu'une désolation lamentable ; c'est-à-dire
qu'il y a des âmes qui ont sacré par leurs larmes les débris
de ce qui a été ravagé en elles, et d'autres âmes que l'ab-
jection a laissées sans honte et sans remords : ici les ruines
mêmes n'ont plus de nom dans aucune langue : *etiam
periére ruinæ*.

Cette distinction parmi les ruines, entre ce qui est suscep-
tible de restauration et ce qui n'est digne que de pitié, vous
l'avez faite et il est inutile de rappeler que la « Maison de
Béthanie » la fait aussi. Elle se respecte elle-même autant
qu'elle respecte les consciences. Ce sont les âmes désireuses de coopérer à la restauration de l'œuvre de Dieu en
elles que l'Institut recueille.

Là, dans la paix d'une conscience purifiée par des
épreuves successives généreusement acceptées, on encourage ces vaincues de la vie à remonter toutes les pentes
descendues, sans s'arrêter à aucun degré. Et, si leur vertu
y suffit, on les conduit jusqu'au sommet de la réhabilitation. Comment ?

Réhabilitées devant Dieu par le pardon du péché et par
l'absolution, elles le sont.

C'est beaucoup sans doute, et, dans la religion, pour
ma part, Mes Très Chers Frères, je n'ai rien trouvé de
plus touchant, rien qui puisse plus profondément émouvoir
mon âme que cette pensée : Si criminel que j'aie été, je
viens m'adresser au représentant du Dieu qui, seul, peut
pardonner le péché ; si je m'agenouille devant le prêtre, et
qu'avec une contrition profonde, une loyauté entière, je
reconnaisse et réprouve mes fautes, il lève la main et il
prononce la sentence de miséricorde ; je me relève devant

Dieu et devant les anges renouvelé et digne de respect, absolument comme si je n'avais pas péché. Ah ! s'écriait le poète,

Soyez béni, mon Dieu, vous qui daignez me rendre
L'innocence et son noble orgueil.

Il avait raison ; et je le répète après lui.

Mais, si cela est vrai devant Dieu, qu'en est-il devant les hommes ? Le monde est très indulgent pour les péchés et les crimes qui ne paraissent pas, mais il est sans pitié pour la faute qui devient publique. Il ne pardonne plus.... et la pauvre créature tombée n'a de place nulle part, pas même au foyer de sa famille qui rougit en entendant prononcer son nom. Comment faire ? Légalement condamnée, devant la société elle reste flétrie, comme une fleur brisée qu'on a foulée aux pieds. La justice humaine ne peut rien pour elle. Réfléchissez. Aucune réhabilitation humaine n'est efficace.

Alors, où chercher ? Voilà le secret, le côté délicat de la « Maison de Béthanie ». En dehors de Jésus-Christ, la réhabilitation sociale est impossible ; en Jésus-Christ et par Jésus-Christ, elle est réalisable. L'âme meurtrie qui franchit le seuil du monastère de Béthanie y trouve le premier élément de la force et de la rénovation : elle se sent aimée ! Tout le reste part de là.

Après les préparations nécessaires, elle est admise à faire partie d'un tiers ordre ; et, si elle manifeste par sa conduite une piété et une vertu suffisantes, s'il y a en elle le germe, venu de Dieu, qui marque une vocation ; si elle se montre capable d'aspirer à la perfection ; après les purifications qu'opèrent en elle le temps, le travail, la pénitence et l'amour, il arrive un moment où la Béthanienne ne lui tend pas seulement la main, ne lui ouvre pas seulement ses bras et son cœur, mais où elle la couvre de son manteau : elle la revêt de la tunique blanche des filles de Saint-Dominique. Et, par une délicatesse qui couronne toutes les autres, le jour où la nouvelle religieuse vient devant l'autel de Jésus-Christ, parée du voile blanc des novices, ou bien le jour où elle se prosterne sur le pavé du temple pour faire sa consécration, nul de ceux qui sont là ne peut savoir si c'est une « *réhabilitante* » ou si c'est une « *réhabilitée* ». Elle a revêtu le costume des vierges du Seigneur; le monde, qui sait respecter encore ce qu'il y a de respectable dans la femme sans tache et dans le dévouement évangélique, le monde s'incline avec une égale vénération devant ces deux religieuses, dont il ignore quelle est celle qui est restée pure ou celle qui l'est redevenue.

Voilà la réhabilitation arrivée à son sommet.

En voulez-vous une figure qui a frappé mon imagination dans la vie des cénobites primitifs?

Par un jour serein, un aigle planait en se jouant. Des nuages s'amoncelèrent, annonçant l'orage. L'aigle, dans son orgueil, dédaigna le danger; il voulait connaître l'éclair et la foudre. Le tourbillon emporta l'imprudent roi des airs.

.... Un grand coup de vent lui cassa les deux ailes.

Il tomba lourdement à terre et y demeura meurtri. Un solitaire des montagnes, après l'ouragan, sortit de la caverne où il vivait en priant. Sur son chemin, il trouva l'aigle tombé qui se traînait sur le sol et dont le sang, mêlé à la poussière, avait fait une fange qui le souillait. Le saint, ému, releva l'oiseau royal, l'emporta dans son manteau, lava ses plaies et mit des bandelettes à ses ailes.

Plus tard, la guérison vint. L'homme de Dieu délia les ailes de son hôte, les remua doucement et leur rendit l'élasticité première. L'aigle, dans la nuit, laissait faire sans comprendre. Un jour enfin, le solitaire prit sur ses bras le blessé guéri et franchit avec lui le seuil de sa grotte. A la vue des grands espaces, des sommets altiers et de la pure lumière, l'aigle frissonna.... Il étendit tout à coup ses ailes frémissantes, jeta un cri qui fit tressaillir les échos des monts et, s'élançant vers les cieux, plana dans l'immensité !

Je cite la légende, parce que j'y vois un symbole. Les âmes dont je vous parle ont connu la tempête, affronté l'orage et subi le coup de foudre. Aigles ou colombes, la tourmente leur a brisé les ailes et les a jetées dans la fange.... Lorsque l'ombre du monastère les reçoit, la religieuse, sœur des anges, les conduit à Dieu. Jésus-Christ, le solitaire de nos temples, les accueille. Sous le manteau de sa miséricorde, Il les emporte à la solitude de son tabernacle ; ou plutôt, Il entre, Lui, dans la solitude naguère dévastée de leur cœur. Il opère doucement tout ce que j'ai dit. Il guérit, fortifie et élève. Les âmes grandissent et se transforment ; et lorsqu'un jour le ciel fait un signe à la terre, le divin guérisseur prend en ses bras l'immortelle captive ; pendant que le corps tombe comme une hutte en ruine, debout sur le seuil du temps, en face de l'éternité qui s'ouvre, Il dit un dernier mot : « *Proficiscere*, pars ! » L'âme entend et tressaille.... Puis, à l'horizon des espaces infinis, en face de la lumière incréée, sous le coup de feu divin qui achève sa transfiguration, la RÉHABILITÉE secoue ses ailes d'ange !... Triomphante et éperdue, elle jette un dernier cri de reconnaissance, d'amour et de liberté...., et se précipite vers l'époux divin qui lui tend les bras.... Jésus, son Rédempteur !

II.

Et maintenant, Mes Très Chers Frères, l'attention si bienveillante que vous m'accordez et le temps dont je puis disposer sans indiscrétion me permettront-ils de répondre convenablement à la seconde question qui fait l'objet de ce discours ?

Qu'est-ce que je viens solliciter de vous en faveur de la Maison de Béthanie ?

Je tiens à être clair et précis : je vous demande trois choses.

La première, c'est d'écarter de votre esprit et de votre cœur les objections qui pourraient nuire à la véritable conception de l'œuvre, et à la générosité qui vous est familière.

Ces objections peuvent être ou *pharisaïques*, ou *chrétiennes*, ou *sceptiques*.

Il y a une objection pharisaïque qui est celle-ci :

« Prenez garde, vous cultivez là une utopie. Votre indulgence pour les criminelles peut tendre à abaisser le niveau des mœurs. Dès lors, vous facilitez la dépravation, puisque vous tentez d'élever au niveau des âmes qui n'ont jamais failli celles qui ont subi les hontes de la faute ou même du crime !.... Par là, en outre, ne déshonorez-vous pas les autres ? »

Je dis que c'est là, une objection pharisaïque, parce que le pharisaïsme renferme toujours quelque chose du sinistre égoïsme et d'une hypocrisie un peu haineuse sous le faux prétexte de l'horreur du mal.

C'est comme si nous reprochions à notre illustre Pasteur de menacer la santé publique et d'accroître la diffusion de la rage, parce que, s'exposant, dans l'inoculation, au contact du *virus*, il a trouvé le secret de guérir l'horrible maladie qui, jusque-là, vouait à d'inguérissables accès et à la mort quiconque en était atteint !

Passons !

Il y a une autre objection, c'est celle des chrétiens qui peuvent être sincères et qui disent : « Mais vous avez les maisons de correction, les maisons de repentir et de refuge. A quoi bon chercher une création nouvelle ? »

Mes Frères, vous avez dû très bien sentir qu'il y a une différence essentielle entre l'OEUVRE DES RÉHABILITÉES et les maisons de refuge.

Dans ces dernières, on reçoit, il est vrai, les jeunes filles tentées de s'abandonner à la débauche ou celles qui s'y sont déjà livrées. Mais, aux unes et aux autres le plus souvent, et surtout aux dernières, on impose la *réclusion* du refuge, au milieu même de la révolte des passions. A Béthanie, au contraire, nulle n'est admise qu'autant qu'elle est *convertie* au bien par le malheur, et qu'elle vient *spontanément* demander à Dieu le secret de réparer le passé par les vertus qu'elle pratiquera à l'avenir. En outre, de même que les égarées d'un jour, les victimes d'une heure de vertige sont entrées *librement* dans le monastère hospitalier, ainsi demeurent-elles, à toute heure de leur vie, entièrement *libres* d'en sortir et de reprendre leur indépendance, si leur cœur n'est pas assez généreux pour supporter l'épreuve ou si leur volonté n'est pas assez forte pour accepter la réparation et la pénitence jusqu'au bout. En réalité, il est très rare que ces défections, toujours faciles cependant, se produisent : le sentiment même de la liberté les écarte.

Il y a enfin l'objection des incroyants, des sophistes disciples de J.-J. Rousseau, des blasés, des sectaires qui, de parti pris, affectent de croire aux prétentions de la morale indépendante et qui entendent bien n'admettre, à aucun prix, la nécessité de l'action religieuse dans le gouvernement des consciences.

Ceux-là nous disent volontiers : « A quoi bon vos entreprises mystiques ? Mirages décevants que tout cela !.... Vous faites œuvre inutile et vaine. Ouvrez donc largement des écoles, et vous fermerez les prisons. Instruisez la jeune fille. L'instruction éclairera son esprit et développera ses idées. La science et la raison formeront sa conscience, et c'est assez ! » — Ah ! vraiment, vous le pensez ?.... Eh ! bien, non ! ce n'est pas assez ! Et je m'étonne que vous ne l'ayez pas encore compris.... Si vous êtes sincères dans votre belle assurance, manifestement, l'expérience ou la réflexion vous fait défaut : peut-être toutes les deux. Écoutez donc les leçons de l'une et de l'autre.

Tout d'abord, observons avec un peu de psychologie pratique qu'il n'est pas dans la nature de l'instruction, *par elle-même*, de produire les fruits merveilleux que vous lui attribuez. Il ne peut rien y avoir dans les effets qui ne soit renfermé dans la cause. Or, la science ne donne point la bonté de l'âme, ni même la rectitude du jugement, encore moins la droiture des intentions et la pureté du cœur. Non, l'instruction, *à elle toute seule*, ne saurait suffire à former une conscience. L'instruction qui ouvre l'esprit, sans l'éducation morale qui dirige la volonté dans le devoir, est même une arme dangereuse. Pour ceux à qui on l'a donnée comme une ressource souveraine, elle devient trop souvent une tentation et un piège. Elle se retourne aussi, hélas ! par un abus trop fréquent, contre la société qui la prodigue sans la soustraire au danger de ses propres écarts.

Non, non, en vérité, l'instruction ne suffit point à fonder et à former une conscience capable d'éclairer et de gouverner l'âme humaine. Sans doute, à la base de la conscience, il faut la raison et la connaissance de la vérité. Mais au point central de l'âme il faut surtout la croyance au Dieu rémunérateur et la crainte de son éternelle justice, afin qu'au sommet la sainte passion du devoir puisse inspirer au cœur le dédain du plaisir et l'élever jusqu'au sacrifice. Car quiconque n'est pas capable de sacrifier le plaisir est, à l'avance, un vaincu de la vie. En effet, souvent ici-bas, c'est au prix du sacrifice seul que l'honneur est sauf, attendu que, pratiquement, quiconque ne veut faire que son devoir ne fait jamais tout son devoir. Or, pour établir une âme dans ces dispositions et pour y maintenir surtout la catégorie d'âmes dont nous parlons ici, la religion est absolument nécessaire et rien ne la remplacera jamais.

Voilà l'enseignement d'une raison saine et d'une réflexion qui ne se paie pas de préjugés.

Voulez-vous, après cela, les constatations de l'expérience ?

Voici une jeune fille, des centaines de jeunes filles, probes, intelligentes, auxquelles vous avez, comme vous le dites, largement ouvert vos écoles. On leur a enseigné l'histoire, les arts, les sciences et les lettres. Elles ont tout appris. Des vertus du foyer, de la religion et de Dieu, rien : l'école est neutre. Ou plutôt, car la neutralité est un sophisme et une tromperie, de la bouche des maîtres vantés par vous, elles ont appris que l'âme est un jeu des organes, la vertu une convention, Dieu une hypothèse, la religion une duperie ; que la famille est un esclavage, la pauvreté une iniquité, le travail une humiliation ; que l'éternelle justice est un

leurre, que l'*au delà* est un *trou noir* ; que le lendemain
de la vie est le néant ; que le présent *seul* est *tout* et que,
par conséquent, tous ont un droit égal à la richesse et au
plaisir !....

Ainsi préparées à la tentation, à l'heure où tous les désirs
éclosent en elles comme les bourgeons au printemps, ces
natures en émoi, tout à la fois naïves et ardentes, ont con-
templé et envié le luxe de vos femmes et de vos filles....
Et elles se sont dit : « Pourquoi pas nous ? »

Puis, un jour, quelque désœuvré sans scrupules, sans
respect et sans mœurs, partisan des plaisirs faciles, a tendu
des pièges à ces esprits désorientés. De leur vanité cré-
dule ou de leur passion inexpérimentée, il a promis de
satisfaire toutes les ambitions et tous les rêves.... au prix
de leur innocence, quelquefois de leur honneur !....

Oh ! je vous entends : « C'est leur faute ! Qu'elles ne se
laissent pas tromper ! Qu'elles restent fidèles au devoir ! »

Leur en avez-vous appris le secret ?

Dans une bataille célèbre, Alexandre, après plusieurs
heures de combat, pris d'une soif ardente, s'écrie : « Ah !
qui me donnera une coupe des eaux du Cydnus ! » Trois
soldats l'entendent et, à travers mille périls, traversant deux
fois les rangs ennemis, ils vont puiser aux flots glacés du
fleuve. Deux d'entre eux ont péri. Le troisième revient
triomphant et présente au grand capitaine la coupe
pleine,... A la vue de cette eau rafraîchissante, Alexandre,
haletant, prend le vase des mains du soldat. Mais, tout à
coup, reportant ses regards vers la mêlée sanglante dans
laquelle les siens luttent sans merci, il repousse brusquement la coupe et la brise à terre en disant : « A Dieu ne
plaise que je boive le sang de mes soldats ! »

C'est un beau trait, n'est-il pas vrai ? Et notre cœur d'adolescent battit en le lisant pour la première fois.... Mais l'histoire, ici, est-elle certaine du fait qu'elle nous a transmis? Et s'il est exact, il est isolé, dans une heure d'enthousiasme, et enfin, c'est l'acte d'un héros! Devons-nous compter que tous les soldats seront des héros?

Eh bien, tous les jours, notre société contemporaine, jouisseuse et sceptique, à des jeunes imaginations dont son faste surexcite les rêves offre cette coupe toute pleine qui les séduit. Vous leur demandez de jeter la coupe à terre avec mépris et de la briser à leurs pieds. Très bien. Vous dites : Voilà le devoir! Mais qu'est-ce que le devoir? Et quel est son prix? Le leur avez-vous enseigné? Ah ! si vous voulez qu'elles croient au devoir; si vous voulez qu'elles l'accomplissent quand il leur impose le sacrifice; croyez-moi, ne fût-ce que par pitié, afin d'élever leur cœur à l'héroïsme, laissez-les croire qu'il y a un ciel ; laissez-les croire que Dieu voit leurs luttes, qu'Il applaudit à leurs efforts et qu'un jour Il les récompensera !

Quand la conscience n'a pas ces deux espoirs pour l'imprégner de lumière et de force, rien ne peut la rendre invulnérable, elle n'est jamais solide : c'est un monument sans base, c'est un phare sans rayon, c'est, sur l'océan, un navire sans lest et sans gouvernail. Il arrive toujours une heure où, désemparé, il est incapable de gouverner.

Quand on fait l'ascension des montagnes, il arrive souvent qu'en présence du vide de l'abîme, le voyageur est saisi de vertige; et, s'il ne se cramponne pas au rocher, ou si le bras du guide ne le retient, tout raisonnement disparaît, toute volonté est impuissante ; le malheureux, victime de son impression, est entraîné à se jeter lui-même spontanément dans le gouffre qui l'attire.

Eh bien, quiconque connaît la nature et le bouillonnement des sens et leurs emportements sait très bien que la volonté, dans l'ordre moral, est exposée à subir ce vertige ; et si elle n'a pas la foi en Dieu et la certitude des éternelles sanctions, rien ne résiste à la fougue des passions indomptées.

Injustement condamné à l'exil sous la pression de ses adversaires, pour avoir trop rigoureusement exigé le respect des lois, un Anglais disait à l'un de ses familiers, qui était venu lui serrer la main au moment où il montait sur le navire qui devait l'emporter : « Mon ami, ne vous placez jamais entre un homme et ses passions, vous seriez broyé !.... »

Eh bien, la conscience est ainsi placée entre la raison et les passions, entre le plaisir et le devoir. Si elle n'entrevoit rien d'éternel, si elle est toute seule, si elle ne possède que le savoir, si Dieu enfin n'habite pas en elle, sa défaite est certaine ; elle est broyée ; elle est foulée aux pieds ; elle se vend ou elle se donne ; mais elle périt....

Écartons donc les objections ; elles sont sans valeur.

Je vous demande en second lieu, Mes Très Chers Frères, de favoriser le recrutement de la *Maison de Béthanie*. Ceci est bien plus délicat. Car je ne parle plus ici du recrutement des âmes blessées qu'il s'agit de réhabiliter ; il suffit pour cela que l'œuvre leur soit connue. Lorsqu'elles la connaîtront, d'un élan spontané de leur cœur, elles viendront là, reposer leur détresse, reconquérir leur dignité et leur honneur dans la joie et dans l'espérance de la vie.

Je veux parler, à cette heure, des âmes vaillantes et dégagées de préjugés étroits, dont la générosité doit faire des *réhabilitantes*. C'est évidemment le plus essentiel. Car il faut des *réhabilitantes* pour avoir des *réhabilitées*.

Notre temps semble plus apte qu'aucun autre à comprendre les sollicitudes de la religion sur ce sujet. Est-ce
que, depuis un demi-siècle, en effet, l'art, la littérature, le
roman, le théâtre, la sociologie, le féminisme ne réclament
pas, de toute manière, l'émancipation et la *réhabilitation
de la femme ?* S'ils se trompent sur les moyens, les intentions du moins ne sont pas douteuses ; et, manifestement,
je m'adresse à un sentiment qui préoccupe, à bon droit,
nos contemporains.

Eh bien, puisque cette cause de la réhabilitation de la
femme telle qu'elle est comprise par de nobles femmes et
telle qu'elle est encouragée par l'Église m'est aujourd'hui
confiée, je la plaiderai à fond. J'aurai toutes les audaces.
Aux deux nations sœurs qui abritent les établissements
de Béthanie, à la Belgique et à la France, du haut de cette
chaire, je jetterai un appel que je voudrais entendre se
répercuter à tous les échos.

Saint Paul, au cours de ses missions apostoliques,
vaincu par la fatigue, s'endormit un soir sur les ruines de
Troie. Pendant son sommeil, il vit apparaître devant lui
un Macédonien qui lui faisait signe, et le suppliait en
disant :

« Passe, et viens à nous ! »

Lorsque saint Paul s'éveilla, il partit pour la Macédoine,
et ce fut l'une de ses missions les plus fécondes.

Il me semble que cette vision est de tous les âges,
puisque l'apostolat ne meurt pas.

Aux cœurs qui s'éprennent d'amour pour la perfection,
que l'enthousiasme de la vertu soulève, et qui goûtent la
beauté surnaturelle des âmes ; aux jeunes chrétiennes dans
le cœur virginal desquelles le « semeur des chastes conseils » a déposé le germe sacré d'une vocation religieuse,

je dirais volontiers : « Pendant les heures de calme médi-
tation, comme le marin rêveur en face de l'immensité des
mers, regardez dans les profondeurs de votre âme, et peut-
être quelque vision mystérieuse grandira-t-elle à l'horizon
lointain ! Écoutez dans le silence de l'intimité divine, et
peut-être entendrez-vous l'appel émouvant de centaines de
créatures qui sont tombées, dont la voix monte au-dessus
des ruines, et qui ne se relèveront qu'autant qu'on leur
tendra la main et qu'on leur ouvrira un cœur compatissant.
Écoutez-les et vous entendrez qu'elles vous crient comme
le Macédonien à saint Paul : « Passe, et viens à nous. »

C'est l'écho de la voix de Dieu. Alors, debout et passez !
Passez par-dessus tous les préjugés du monde, passez par-
dessus toutes les répugnances de la nature, passez par-
dessus cet abîme, aussi étroit qu'il est profond, et qui
sépare la créature déchue de celle qui est restée pure ;
passez au milieu et au-dessus de tout.... et suivez Jésus-
Christ, l'ami divin de Magdeleine pénitente ! »

Mes Très Chers Frères, si j'avais, dans l'assemblée des
vierges chrétiennes, à faire prévaloir la sublime vocation de
la religieuse de Béthanie, je me garderais bien d'atténuer ce
que cette mission peut offrir de délicat ou ce qui répugne
aux prétentions de l'orgueil humain. Non. Mais je dirais
aux plus intelligentes, aux plus aimantes et aux plus pures :
« Avez-vous quelque ardeur d'apostolat ? Vous sentez-
vous la noble ambition de racheter des âmes ? Avez-vous
entrevu l'idéal évangélique de la fraternité humaine ? Con-
naissez-vous la passion sainte de conquérir les cœurs en
pansant leurs plaies ? Écoutez le disciple que Jésus aimait.
Saint Jean disait : Ce qui fait notre supériorité à nous,
ce qui fait notre joie, notre force, notre certitude dans l'espoir, notre bonheur dans la souffrance, c'est que « nous

avons cru à l'amour : *Nos autem credidimus caritati.* »
Eh bien, vous aussi, croyez-vous à l'amour? Alors, pendant que les unes s'enferment dans leur égoïsme lâche,
pendant que les autres donnent de leur superflu, vous,
offrez davantage, faites mieux : donnez-vous vous-mêmes
à l'amour, à la conquête des brebis égarées qui reviennent
au bercail; donnez votre âme très pure, votre cœur ardent,
votre jeunesse immaculée.... jetez tout au pied de la
croix !

« Des jeunes femmes, sacrifiant leurs espoirs mondains,
leur jeunesse et leur beauté, s'en vont à l'exil pour soigner,
sans pouvoir les guérir, des lépreux immondes, avec la
certitude de sentir les morsures de la lèpre les défigurer
un jour et brûler leur sang. Vous, qui n'aurez jamais à
craindre que la lèpre des âmes vous atteigne, voulez-
vous, au risque d'être confondues peut-être, dans le jugement du monde, avec celles que vous sauverez et que
vous aimerez comme des sœurs, voulez-vous leur tendre la
main et leur ouvrir votre cœur? Comprenez-vous la grandeur d'une chrétienne fierté allant spontanément au-devant
de cette humiliation sacrée qui se transforme en gloire
pour couronner le front transfiguré des saints ?.... Alors,
venez ! Venez à Béthanie. Il s'agit de faire refleurir des lis
brisés, foulés aux pieds des passants : les âmes ne sont-
elles pas les fleurs de Dieu? — Il s'agit de recueillir et de
dégager de leurs scories de fange ou de poussière des
diamants tombés au ruisseau, mais diamants toujours. Il
s'agit, enfin, d'arracher des âmes immortelles au péril du
désespoir.

« Ah ! le désespoir !.... En avez-vous jamais entrevu la
troublante et dramatique physionomie? En soupçonnez-
vous seulement la formidable tentation, lorsqu'une créa-

ture subitement déchue, prise de remords et de honte, s'enfonce, avec une colère sauvage, dans la solitude de son âme dévastée, à travers les tempêtes et l'abîme des passions? Méditez-en le symbole dont la description a été mise par un philosophe chrétien (1) sur les lèvres de Platon. « Je me rappelle, lui fait dire l'écrivain, je me rappelle avoir vu, autrefois, un emblème du désespoir dont vous parlez. Je me promenais sur les bords de la mer, dans un endroit écarté, non loin du cap Sunium. C'était au soleil couchant. L'ombre descendait sur les flots obscurs. Une figure d'être humain était accroupie sur un rocher battu par les vagues. A ses vêtements souillés, à sa physionomie à la fois égarée et fixe, je me persuadai que c'était un de ces êtres poursuivis intérieurement par les Furies et qui errent, loin des cités, parmi des ruines et des tombeaux. Quand il m'aperçut, il se dressa sur son roc, et il parlait tout seul. Je ne distinguais pas nettement ce qu'il disait; mais je crus entendre qu'il maudissait le soleil et la lumière, et la paix de l'océan sans limites, et les juges vengeurs des crimes, et le ciel rémunérateur de la vertu, et l'espérance !.... Puis, il se mit à maudire aussi la pierre étroite et glissante qu'il avait prise pour dernier asile; et la repoussant d'un pied, il se précipita dans la mer sombre et profonde comme la justice de Dieu !.... »

« Ah ! oui, vraiment, tombée des sommets rayonnants de la lumière et de la grâce, devant l'abîme obscur où flotte son regard troublé, en contemplant le tombeau de son honneur et les ruines mornes de sa vertu, la créature déchue doit être bien tentée de maudire le faux éclat qui l'a éblouie et les hommes qui l'ont séduite ; de maudire la société qui

(1) M. l'abbé Gerbet, plus tard évêque de Perpignan.

la repousse après lui avoir tendu des pièges ; de maudire, peut-être, le Dieu de sainteté devant qui la honte la saisit ; de maudire aussi l'amour qui la trompa ; de maudire enfin la vie, et de chercher un refuge suprême dans le gouffre sombre de la mort !....

« Venez sauver cette âme de l'angoisse horrible du désespoir ! »

J'estime qu'en écoutant ces paroles, en méditant ces pensées, plus d'une conscience aurait des tressaillements et se dirait : « Allons aux âmes blessées et meurtries qui sont mes sœurs. Dieu leur a pardonné, qui a le droit de les mépriser ? Un jour, peut-être, elles seront placées plus haut dans la gloire, parce que leur repentir aura agrandi leur amour. Vive Dieu ! Je les presserai sur mon cœur. Je partagerai tout avec elles : ma fortune, mon honneur et la grâce de Jésus-Christ, et la gloire du ciel ! Arrière les pharisiens qui se scandaliseraient ! Si les hommes ne comprennent pas mes préférences, Jésus, qui s'asseyait au foyer de Béthanie dans l'intimité mystérieuse d'une amitié divine, Jésus les comprendra, Lui, le divin défenseur de Magdeleine, la première des réhabilitées ! »

Mes Frères, une vocation de ce genre vous surprend peut-être. Écoutez ce trait, il vous surprendra bien davantage sans doute.

Un jour, dans une maison de refuge, je rencontrai parmi les humbles filles, désignées sous le nom de *Magdeleines*, une personne jeune encore dont l'intelligence, la vertu, la candeur et la distinction native fort exceptionnelle me frappèrent beaucoup. Étonné de la rencontrer dans ce milieu, je la questionnai. Après quelques hésitations, voici ce qu'elle me raconta :

« A dix-huit ans, je suis restée seule. Je savais que j'étais jolie et je me sentais orgueilleuse. J'ai eu peur. Pour triompher de ma vanité, j'ai voulu vivre cachée ; et je suis venue ici, afin que l'on me crût coupable et que l'amour-propre ne pût avoir de satisfaction. Dieu seul, avec vous maintenant, connaît mon secret. Toutes mes sœurs veulent bien m'aimer. Je les sers quand je peux ; je les encourage ; et je suis si heureuse au service de Notre-Seigneur qui est très bon pour moi ! »

Et pendant qu'elle me parlait ainsi, de ses grands yeux profonds et calmes, deux larmes, comme deux perles limpides, coulaient sur ses joues pâles.

Il y a, de cette entrevue, bien des années déjà ; mais cette physionomie sereine et cette âme magnanime dans sa simplicité me sont toujours restées présentes.... Cette enfant, inconsciente de son héroïsme, est maintenant au ciel. Elle me pardonnera donc d'avoir livré sa confidence.

Les abnégations auxquelles je fais appel resteraient loin encore d'une humilité aussi profonde ! Puisse cet appel être entendu dans la mesure où Dieu Lui-même aura marqué les âmes pour cette glorieuse vocation !

La troisième chose enfin que j'ai à vous demander, Mes Très Chers Frères, c'est une abondante aumône en faveur de l'ŒUVRE DES RÉHABILITÉES, nouvellement fondée à Sart-Risbart, dans le Brabant, par nos religieuses dominicaines de Franche-Comté. Il a fallu acheter un domaine et bâtir une chapelle. Il est nécessaire de reconstruire et d'agrandir la maison d'habitation. On y a recueilli déjà plus de quarante « Petites Sœurs » ; le nombre en augmentera ; il y aura lieu d'y adjoindre une section pour la préservation des plus jeunes. A tous ces points de vue, il vous est facile de comprendre combien les ressources matérielles sont loin de répondre aux exigences de la situation. Les religieuses donnent leur dévouement, leur jeunesse, leur vie ; les pauvres donnent leur labeur et leurs prières ; à vous, les privilégiés de l'existence, de donner largement une part de cet or qui vous a peu coûté et que vous prodiguez si volontiers quand vos plaisirs le demandent.

Si j'avais à faire valoir les raisons qui doivent vous incliner à l'aumône, je pourrais vous faire remarquer que c'est une obligation stricte pour les riches. Je vous exposerais ce que l'Évangile *enseigne* : que nous sommes des frères ayant un père commun et constituant une famille ; que nous sommes égaux au point de vue de l'origine, au point de vue de la nature, au point de vue de la destinée. A ce qu'il enseigne je devrais ajouter ce que l'Évangile *prescrit* : respecter le pauvre ; aider et secourir son frère ; aimer son prochain ; pardonner au pécheur et accorder l'estime au repentir. J'aime mieux rappeler à vos consciences chrétiennes ce que l'Évangile *promet* à la charité largement pratiquée pour Jésus-Christ. Il promet la prospérité des familles : « Dieu vous donnera *dans la mesure* où vous aurez donné ; » la paix : « Et la paix que je donnerai, nul ne pourra vous la ravir ; » la joie : « Car il est meilleur de donner que de recevoir. » Il promet encore le pardon des péchés : « Rachetez vos péchés par l'aumône ; » « pardonnez et on vous pardonnera ; » « beaucoup de péchés lui ont été pardonnés parce qu'elle a beaucoup aimé ; » et si elle a beaucoup aimé, elle a donné beaucoup ! O hommes avides de richesses, et qui peut-être, dans vos spéculations industrielles ou commerciales, avez apporté une âpreté qui ne vous laisse point sans préoccupations, voulez-vous un moyen d'écarter les sévérités d'un jugement rigoureux ? Donnez largement. O chrétiens qui gardez dans un pli secret de votre conscience des souvenirs qui mêlent de la honte et de l'angoisse à votre vie d'hommes honnêtes, appelez le pardon de Dieu en procurant à de pauvres femmes tombées une réhabilitation qui les relève de leurs chutes. O jeunes hommes qui portez dans un cœur faible des passions ardentes, voulez-vous garder intact l'honneur de votre foi et de vos mœurs? Donnez pour sauver des âmes. O chrétiennes qui cédez à l'entraînement d'une société oublieuse de toute austérité, femmes pieuses qui vous êtes trop souvent abandonnées à toutes les suggestions d'un luxe dissolvant, jeunes filles follement enthousiastes de parures, de plaisirs et de fêtes, voulez-vous garantir vos âmes encore soucieuses de leur baptême contre les périls d'un paganisme envahissant? Faites généreusement l'aumône pour relever d'autres âmes qui tombèrent un jour sans avoir été plus imprudentes que vous, et la grâce de Dieu vous préservera !

O vieillards qui voyez avec anxiété venir la fin du jour, et qui, au déclin de la vie, redoutez l'inconnu de son lendemain ; qui portez le fardeau peut-être de regrets amers ou de remords tardifs ; inclinez le cœur du Souverain Juge à la miséricorde ; et votre propre cœur au repentir chrétien et au confiant espoir en faisant de généreuses aumônes. Souvenez-vous que Notre-Seigneur Jésus-Christ a promis le ciel, l'éternel bonheur à quiconque aura été bon pour ceux qui souffrent, généreux pour ceux qui tendent la main !

J'achève sans développer autrement ces pensées, car je sens bien, malgré votre religieuse attention, que je dépasse la mesure.

Je conclus donc. Tout à l'heure, de nobles femmes vont passer dans vos rangs pour recevoir vos offrandes. Elles ont accepté cette tâche avec un empressement aimable qui double le prix de leur charité, avec toute la bonne grâce d'un bon cœur. Au nom de la « MAISON DE BÉTHANIE » et au mien, je les prie, avant tout, d'agréer l'hommage de notre religieuse gratitude. Je voudrais, en outre, leur procurer cette joie de voir déborder leurs aumônières. Pour cela je n'ai pas à conquérir vos sympathies à l'Œuvre des réhabilitées, elles lui sont assurées. Je n'ai pas à gagner vos cœurs, ils lui sont acquis.... Mais il faut bien livrer un assaut à votre bourse. Je compte le faire avec succès, espérant avoir des intelligences dans la place.

Oh ! soyez tranquilles ; je ne dissimule aucun piège. Voici mon calcul.... et ma prière :

Vous êtes venus ici sachant que vous étiez conviés à un sermon de charité. Vous avez donc fixé le chiffre de votre aumône. Mais si, lorsqu'on va se présenter, vous ne donnez que ce que vous avez déterminé à l'avance, à quoi bon ce discours ? Je vous demande donc de donner le double de ce que vous aviez arrêté dans votre pensée. Oserai-je dire que vous joindrez ainsi au sacrifice l'honoraire du sermon ? Si vous trouvez qu'il vaut trop peu et que de l'entendre si long est déjà le payer bien cher, je serai de votre avis.... plus tard ; mais en attendant, donnez quand même. Et si vous trouvez mes prétentions excessives, eh bien ! pour vous expliquer mon indiscrétion, souvenez-vous que les mendiants publics ont toutes les audaces.

Quant à ceux qui n'auraient pas fixé leur offrande et seraient venus ici.... sans savoir, je leur signale une anecdote personnelle à Franklin et qu'il raconte dans une page de ses Mémoires.

Homme d'esprit, protestant, frondeur et sceptique, Franklin passait un jour devant une église catholique. Sur la façade de l'édifice il lut l'annonce d'un salut en musique très solennel avec le concours d'artistes renommés. Précisément, c'était le jour et l'heure. Inoccupé, grand amateur de musique, il entra en curieux. Mais le salut était précédé d'un sermon de charité. Le prédicateur était en chaire. Il exposait le but de la quête : je ne sais quelle œuvre de bienfaisance. Franklin hoche la tête et lève légèrement les épaules : « Toujours la même chose, de l'argent ! » Distrait d'abord, l'exposé bientôt l'intéresse et il écoute. Au premier tiers du sermon il se dit : « Mais au fond, il a raison, cet homme-là. » Après le second tiers, sa main fouille silencieusement sa poche et y touchant une pièce de cinq francs, il se dit : « C'est bien, je la donnerai tout à l'heure. » Mais au moment où il allait descendre de chaire, l'orateur eut de ces mouvements d'éloquence qui emportent à la fois celui qui parle et ceux qui écoutent, un de ces cris du cœur qui vont au cœur. Le sceptique, ému, troublé, oublia ses préjugés, ses résolutions et même la pièce de cinq francs. Lorsqu'on vint lui tendre la main, Franklin, sans hésitation et sans calcul, versa dans la bourse des quêteuses tout ce qu'il avait dans la sienne. Et il ajoute : « J'écoutai ensuite, jouissant de la musique comme je ne l'avais jamais fait, et je sortis de là, heureux comme je ne l'avais jamais été. » Faites ainsi et goûtez le même bonheur : *Vade et fac similiter.*

www.ingramcontent.com/pod-product-compliance
Lightning Source LLC
Chambersburg PA
CBHW070944280326
41934CB00009B/2011